بنیادی راہبان جوړول

Making Radical Disciples

A training manual to facilitate training disciples in house churches, small groups, and discipleship groups, leading towards a church-planting movement.

By Daniel B. Lancaster, Ph.D.

Published by:

T4T Press

First Printing, 2011

All rights reserved. No part of this book may be reproduced or transmitted in any form or by any means, electronic or mechanical, including photocopying, recording or by any information storage and retrieval system, without written permission from the author, except for the inclusion of brief quotations in a review.

Copyright 2011 by Daniel B. Lancaster

ISBN 978-1-938920-25-7 printed

All scripture quotations, unless otherwise indicated, are taken from the HOLY BIBLE, NEW INTERNATIONAL VERSION®, NIV® copyright © 1973, 1978, 1984 by International Bible Society. Used by permission of Zondervan. All rights reserved.

Scripture quotations marked (NLT) are from the Holy Bible, New Living Translation, Copyright © 1996, 2004,used by permission of Tyndale House Publishers, Inc., Wheaton, Illinois, 60189. All rights reserved.

Scripture quotations marked (NASB) are from the NEW AMERICAN STANDARD BIBLE ®, Copyright © 1960, 1962, 1963, 1968, 1971, 1972, 1973, 1975, 1977, 1995 by The Lockman Foundation. All rights reserved.

Scripture quotations marked (HCSB) are from the Holman Christian Standard Bible ® Copyright © 2003, 2002, 2000, 1999 by Holman Bible Publishers. All rights reserved.

Scriptures quotations marked (CEV) are from the Contemporary English Version Copyright © 1995 by American Bible Society. Used by permission.

Library of Congress Cataloging-in-Publication Data

Lancaster, Daniel B.

Making Radical Disciples: A training manual to facilitate training disciples in house churches, small groups, and discipleship groups, leading towards a church-planting movement. / Daniel B. Lancaster.

Includes bibliographical references.

ISBN 978-1-938920-25-7

1. Follow Jesus Training: Basic Discipleship–United States.

I. Title.

محتويات

روزنه

5	پخير راغلي
9	ضرب
15	محبت
23	دعا
31	فرمان برداري کوﺉ
37	تګ
45	څه
51	خلقوتھ اوواﻳﮯ
57	کرونده
65	راواخلﺉ

حواله

71	تربيت ورکونکو ته تربيت ورکول
75	ساده عبادت
79	نوره مطالعه

١

پخير راغلي

پخير راغلي سره د سيشن يا پروګرام او تربيت ورکولو والا او زده کونکي شناخته کيږي. تربيت ورکونکي زده کونکو ته اته (٨) تصويران په دې ترتيب ښاي.سپاهي، محنت کونکي،ګډبه، زميدار،څوې، مقدس،ملازم او فور مين. دى سره لاسونه هم خوزول دي څکه چي خلق د اوريدو نه زده کوي، ليدو نه او کولو نه. د عيسى پيروي تربيت کښې دا ټول څيزونه زده کيږي.

انجيل د خپل استاد روحاني جذبه واې. زده کونکو ته وييلي شي چي د ټول تربيت کښې د جذبې سره کار کوئ. د تربيت اختتام په چاې (څکلو) سره کيږي چې پروګرام په ښه طريقه سره ختم شي څنګه چې به راهِبان د عيسى سره کيناستل.

بنیادی راهبان جوړول

تعریف

شروعات

د تربیت ورکونکي تعارف

د زده کونکو تعارف

د عیسي تعارف

انجيل کينی ده يسوع اته تصويران

- سپاهي
  توره راخلي

- محنت کونکي
  اخوا ديخوا ګوري لاس يې د سترګو بره ايخي دي.

- ګډبه
  خپل لاسونه داسې خوزوي لکه چې څوک راجمع کوي.

- زميدار
  تخم کري.

- ځوي
  خولې له لاس وړي لکه چې څه خوري.

- مقدس
  داسې لاسونه اونيسي لکه چې دعا کوي.

- ملازم
  لاس کښې څتک دې.

- فورمين
  د جيب نه پيسې راوباسي.

د صحيح زده کولو درې (۳) طريقې څه دي؟

- غوږ
  ستاسو جام په لاس د غوږ دي
- تماشه
  ستا سترګي ته ګوته نيسي
- ژبان
  د رغبنتلو حرکت کوي پر خپل لاسونه

اوريدل، ليدل او کول درې (۳) بهترين استاذان دي.انجيل هم مونږ ته دا واې چې يو مقدسه جذبه هم يو استاد دې.په دې ټول سيشن کښې زه تاسو ته دا خبره کوم چې جذبې سره کار اوکړئ ځکه چې جذبه هم استاد دې.

اختتام

د چاې انتظام شوې دې. ! ☙

لوقا ۷:۳۱،۳۵-'ډ دے پيړئ دَ خلقو مِثال په څۀ درکړم؟ هغوئ دَ چا په شان دی؟ هغوئ په بازار کښے دَ ناستو هلکانو په شان دی څوک چه يو بل ته چغے وهی اؤ وائی چه مُونږ تاسو ته شپيلئ وغږولے اؤ تاسو ګډا ونۀ کړه! مُونږ ژړا انګولا وکړه اؤ تاسو وير ونۀ کړو! ځکه چه هر کله چه بپتسمه ور کوُونکے يحيىٰ راغے چه نۀ ئے ډوډئ خوړه اؤ نۀ ئے شراب څښل نو تاسو وايئ چه په هغۀ پيريان ناست دی! اؤ هر کله چه اِبن آدم راغے چه خوری څښی نو تاسو وايئ چه دَۀ ته وګورئ! دا ګيډور شرابی دَ محصُولچيانو اؤ ګناه ګارو آشنا دے! خو بيا هم دَ خُدائے پاک حِکمت دَ خپلو ټولو زامنو په حقله رښتينے ثابت شو".

۲

ضرب

ضرب د عیسی تعارف د فورمین په شان کوي. فورمین واپس راتلل په صحیح وخت او خزانه راتلل غواړي. او د هغوی خواهش دي چې د عزت زندگي تیره کړي. زده کونکي زده کوي چې د بهر تلو څه فایده نشته دی. ۱. انسانانو ته د خدای اول حکم ۲.د عیسی علیه سلام اخري حکم انسانانو ته ۳. د ۲۲۲ اصول ۴. او د ډید سي او سي اف ګلیلي په مینځ کښې فرق.

سبق ختمیګي په زده کونکي سبق سره چې په هغې کښې د هر څیز فرق ثابت شي چې نورو خلقو ته به سبق څنګه ښای او تربیت به څنګ ورکوي. زده کونکو ته ښودالي شي چې خلقو ته به د تعریف،دعا، مطالعي او د خدای د تورې او نورو څیزونو چل څنګه ښای.د دی طریقي سره زده کونکي عیسی علیه سلام له زبردسته تحفه ورکړي کله چې ورسره جنت کښې ملاو شي.

تعريف

عبادت

مطالعه

مختصره جايزه

هغه اته (۸) تصويران کوم دي کوم چې د عيسې په تابعدارئ کښې زمونږ مدد کوي؟

زمونږه روحاني زندگي د پوقړي په شان ده ☙

عيسی د څه په شان دې؟

متی ٦: ۲۰، ۲۱- خپل ځان ته خزانے په آسمان کښے جمع کوئ چرته چه نۀ بزے شته اؤ نۀ زنګ چه دا خرابے کړی، اؤ نۀ غلۀ وړپسے کنډر وکړی آؤ په غلا ئے يوسی. ځکه چه چرته ستا خزانه وی هلته به دِ زړۀ وی.

فورمين

☞ داسې اداکاري اوکړې چې د جيبه پيسې راوباسې.

داسې څه داسې درې (۳) خبرې دي چې فورمين يې کوي؟

متی ٢٥:١٤،٢٨- مِثال ئے دَ هغه سړی دے څوک چه په سفر تلو اَوُ نوکران ئے راوبلل اَوُ خپل مال ئے ورته وسپارو. يو له ئے دَ سرو زرو پنځهٔ تيلئ ورکړے،دويم ته ئے دوه اَوُ دريم ته يوه، هر يو ته دَ خپل قابليت په مُطابق بيا هغه دَ ملک نه روان شو. چا ته چه پنځهٔ تيلئ ورکړے شوے وے هغه سمدستی لاړو اَوُ سوداګری ئے پړے شروع کړه اَوُ پنځهٔ تيلئ ئے په کښے نورے وګټلے. خو ګوم سړی ته چه دوه تيلئ ورکړے شوے وے هغهٔ دوه نورے وګټلے. اَوُ کوم سړی ته چه يوه تيلئ ورکړے شوے وه هغه لاړو،په مزکه کښے ئے ډوغل وکنستو اَوُ دَ مالک هغه پيسے ئے په کښے ښخے کړلے. ډيره مُوده پس دَ هغوئ مالک واپس راغے اَوُ دَ هغوئ نه ئے حساب وغوښتو. ګوم سړی ته چه ئے دَ سرو زرو پنځهٔ تيلئ ورکړے وے،هغه راغے اَوُ پنځهٔ نورے ئے ورسره کيښودے اَوُ ورته ئے ووئيل چه ګوره مالکه! تا ماته پنځهٔ تيلئ راکړے وے،ما ورسره پنځهٔ نورے زياتے کړے. مالک ووئيل،شاباش زما اعتباری اَوُ ايمانداره نوکره! تا په لږ څهٔ کښے ځان اِعتباری ثابت کړو،اوس به زَهٔ تا دَ ډير څهٔ اِختيارمند کړم. راشه اَوُ دَ خپل مالک په خوشحالئ کښے شريک شه. بيا دَ دوؤ تيلو هغه سړے راغے اَوُ وے وئيل،مالکه! تا ماته دوه تيلئ سپارلے وے،ګوره،ما ورسره دوه نورے زياتے کړے. مالک ورته ووئيل،شاباش! زما اعتباری اَوُ ايمانداره نوکره! تا په لږ څهٔ کښے ځان اعتباری ثابت کړو،اوس به زَهٔ تا دَ ډير څهٔ مُختار کړم. راشه اَوُ دَ خپل مالک په خوشحالئ کښے شريک شه. بيا هغه سړے راغے چا ته چه يوه تيلئ ورکړے شوے وه اَوُ وئے وئيل،مالکه! ماته پته وه چه تهٔ يو سخت سړے ئے،تهٔ ئے هلته ريبے چرته چه دِ کرونده نهٔ وی کړے،تهٔ ئے هلته راټولوے چرته چه دِ خوارهٔ کړی نهٔ وی. نو زَهٔ ويريدلم،ځکه لاړم اَوُ ستا سرهٔ زر مے په مزکه کښے ښخ کړل. څهٔ چه ستا وُو هغه دا دی. مالک ورته ووئيل،اَئے سُسته نوکره! تاته معلُومه وه چه زَهٔ ئے هلته ريبم چرته چه

کروندہ نۀ کوم اَؤ *هلته ئے راتولوم چرته چه خوروِل نۀ*
کوم څۀ؟ نو بیا تاته پکار وُو چه زما پیسے دِ صرافانو
ته ورکړے وے،نو په واپسئ به ما هغه مال دَ سُود
سره حاصل کړے وُو. هغۀ ووے چه دَ دَۀ نه دَ زرو
هغه تیلئ واخلئ اَؤ دَ لسو تیلو والا ته ئے ورکړئ.

۱. ___

۲. ___

۳. ___

هغه څه چې د خدایِ ته د لومړی سړی دی؟

پیدایښت ۱:۲۸- *خدای پاک هغوی ته برکت ورکړ او*
ويې فرمايل: "بارداره او زيات شئ او ځمکه د خلکو څخه
ډکه کړئ او د خپل واک لاندې يې راولئ او په ماهيانو،
په مرغانو او په ټولو حيواناتو باندې حکم چلوئ".

___

هغه څه چې د تېرې عیسي ته سړي دي؟

مرقس ۱۶:۱۵ *بیا هغۀ هغوئ ته ووئیل،"دَ*
تمامے دُنیا هرے سیمے ته لاړ شئ اَؤ زما
دَ زیری وعظ ټول مخلوق ته وکړئ.

___

زه به ځنګه وي او ميوه داره ضربوي؟

تيموتيوس دويم ۲:۲- اؤ ګومے خبرے چه تا دَ ډيرو ګواهانو په وړاندے زما نه آؤريدلی دی هغه دَ داسے دیانتدارو سړو په حواله کړه څوک ئے چه نورو ته دَ ښودنے لائق وی.

د ګليلي سمندر يا ډيډ سي

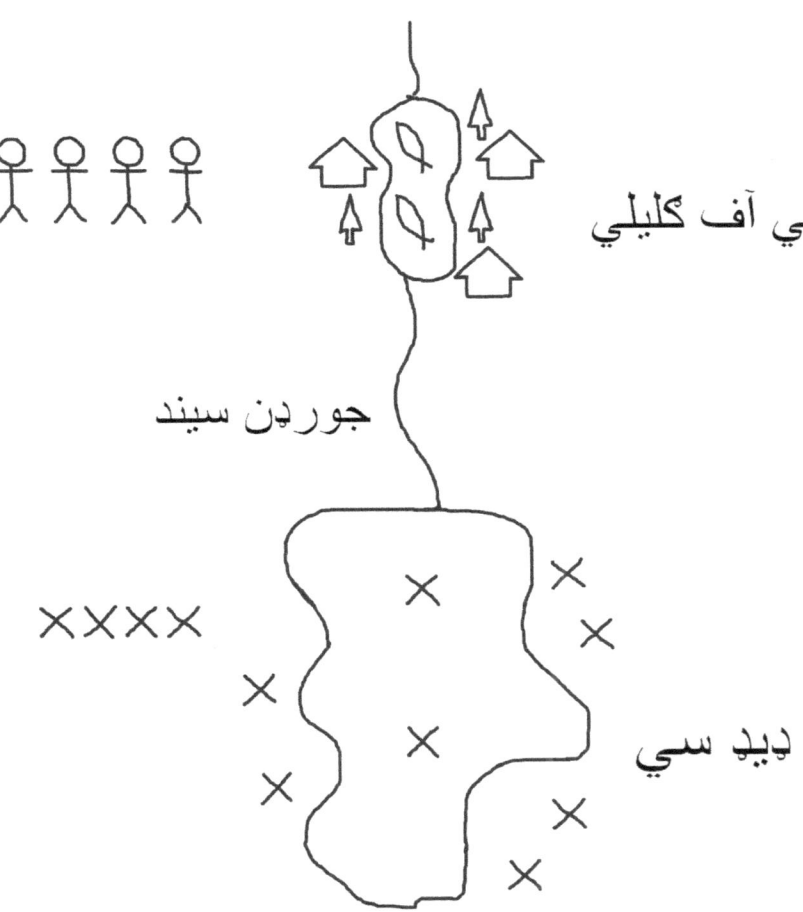

ي آف ګليلي
جورډن سيند

د حافظی ایت:

یوحنا ۸:۱۵ - دغه شان زما دَ پلار جلال
په دے ښکاره کیږی چه تاسو ښهٔ ډیره میوه
ونیسئ اَؤ زما مُریدان ښکاره شئ.

عمل

په ګروپ کښې په ټولو کښې کم عمر والا مشر وي.

اختتام

د عیسی دپاره تحفه ☙

☝ تعریف
دوانړه لاسونه اوچت کړې

☝ دعا
د دعا دپاره لاسونه هم اوچت اونیسې.

☝ د زده دهړی
و ورغوو مخ پورت د که چیرې تاسو یو
کتاب لوستلو

☝ نورو ته هم دعیسی باره کښې اووایه.
لاس داسې اونیسه لکه چې تخم کرې.

۳

محبت

مینه د عیسی تعارف د یو ګډبه په طور کوي. ګډبه خپلې ګډې رهنمایې کوي،څروبه یې او حفاظت یې کوي.مونږ.ه خلقو ته خوراک ورکوو کله چې مونږ.ه دوي ته د خدایې خبری ښایو.هغه کومه خبره ده د کومې نه چې خلق د خدایې باره کښې خبر شي. زده کونکو ته د ټولو نه اهم حکم پته اولګي او پته ورته ولګي چې د محبت ذريعه څه ده. او ورته پته اولګي چې د عبادت سرچشمه څه ده.

زده کونکي د راهِبانو ګروپ ساده راهنمایې کوي په دې خبرو سره. تعریف (د زړه نه) عبادت (خپل روح نه) د انجیل مطالعه د خپل ذهن نه. او د یو فن عمل کول (د ټول زور سره). او اخري نښه ده ګډبه او ازمرې: د دی مطلب دا دې چې په معاشره کښې د راهِبانو ډیر ضرورت دې.

تعريف

دعا

١. ښځګه به مونږ د هغه کسانو دپاره دعا وکړو کوم چې ورک شوي دي
٢. ښځګه به مونږ د هغه ګروپ دپاره وکړو کوم له چې تربيت ورکوي.

- که چرته يو ملګري لا د تربيت کار نه وي شروع کړې نو هغه له دعا وکړې چې هغو صحيح کار شروع کړي.
- ټول ملګري دې يو ځاې دعا وکړي

مطالعه

جايزه

هغه اته (٨) تصويران کوم دي کوم چې د عيسی په تابعداری کښې زمونږ مدد کوي؟

ضرب

هغه څه چې درې شيان لري يو صاحب کار؟
هغه څه چې د خداې ته د لومړی سړی دی؟
هغه څه چې د تېرې عيسي ته سړي دي؟
زه به ښځګه وي او ميوه داره ضربوي؟
هغه څه چې د نومونو د دوه سيندونه د اسراييلو کې واقع ده؟
ولې هغوی له دې امله بېلا بېلو؟
چې ته غواړې چې ته د؟

عیسی د څه په شان دې؟

مرقس ٦:٣٤ -هغه چه غاړے ته ورسیدلو نو ډیره
ګڼه ئے ولیده اوٙ زړۀ ئے پرے زسوزیدلو ځکه
چه هغوئ دَ داسے ګډو په مِثال وُو چه شپُون ئے
نۀ وی اوٙ هغۀ هغوئ ته ډیر تعلیم ورکړو.

گډبه

مایل لاس حرکت ستاسو د بدن د که چیرې
تاسو غونډه خلک دي

داسې څه داسې درى (٣) خبرى دي چې ګډبه يې کوي؟

زبور ٢٣:١،٦- يهود ځما شپون دي- زه بہ ذهيڅ
څيزمحتاج نہ شم- هغہ م د راحت او بو څخه بيايي-
هغہ ځان ځما بيرتھ راګرزوي- دخپل نوم پھ وسيلي
سره ما تھ د صداقت پھ لاري کښ هدايت کوي بلکہ
هر کلھ چھ ده د مرګ د سوري پھ خوړ کښ ځم نو د
هيڅ بدئي نہ بہ نہ ويريږم ځکہ چھ تھ ما سره يي ستا
کوتڼ او ستا لړکي بہ ما لھ تسلي را کوي نہ ځماد ذ
ښمنانو پھ روبروځما پھ مخ کښ دسترخوان غوړوى تھ
م پھ سر تيل مږي- ځما پياله ترمورګوپوري ډکھ شوله
فقط نيکي او مهرباني د ټولو ورځود ژوندا نه بھ پھ ما
پسي راځي او زه بھ مدام د يهوه پھ کور کښ او سم

١. ____________________

٢. ____________________

٣. ____________________

بنیادی راہبان جوړول

هغه څه چې تر ټولو مهم دی ته نور تعلیم؟

مرقس ۱۲:۲۸،۳۱ -بیا دَ شرعے په عالمانو کښے یو کس چه دَ دوئ دا بحث ئے آؤریدو اَؤ پوهه شو چه هغهٔ دوئ ته څنګه ښهٔ جواب ورکړو،راوړاندے شو. تپوس ئے ترے وکړو،"کُوم یو حُکم دَ ټولو نه لوئے دے؟" عیسیٰ جواب ورکړو،" اَول دا دے چه،«اَئے اِسرائیله واؤره! مالِک زمُونږ خُدائے یو مالِک دے. تهٔ دَ مالِک دَ خپل خُدائے سره دَ ټول زړهٔ سره،دَ خپل ټول رُوح، دَ خپل ټول عقل اَؤ دَ خپل ټول طاقت سره مینه کوه «.دویم دا دے چه،« دَ خپل ګاونډی سره لکه دَ ځان مینه کوه.» دَ دے حُکمونو نه بل لوئے حُکم نشته«.

۱. ________________

☝ مایل پرهیزي لاس خدای دی.

۲. ________________

☝ دباندی خواوی مایل لاس نور دي.

مینه د څه نه راځي؟

یوحنا اول ٤:۷،۸ -*خوږو دوستانو! راځئ چه دَ یو بل سره مینه ولرُو ځکه چه مینه دَ خُدائے له طرفه ده،اَؤ هر هغه څوک چه مینه لری هغه له خُدائے نه پیدا شوے دے اَؤ خُدائے پیژنی. خو څوک چه مینه نهٔ لری هغه خُدائے نهٔ پیژنی،ځکه چه خُدائے مینه دے.*

____

- لاسونه اوچت کړي که تاسو د خداي نه مینه وصولوي او بیا مینه واپس خداي له ورکړي.
- لاسونه بره اوچت کړي لکه چې تاسو مینه وصولوي

ساده عبادت څهشے دے؟

- ستایل
لاس ته پورته په صفت خدا

- نمونخ
لاس په لاس نمونخ "په کلاسیکي هغه وویل"اړوي.

- زده کوي
لاس ورغوو مخ پورت که چیرې تاسو په یو کتاب لوستلو

- کړي
لاس حرکت او که چیرې تاسو د تخم ریزئ.

مونږه ساده عبادت ولې کوو.؟

مرقس ۱۲:۳۰-*تهٔ دَ مالِک دَ خپل خُدائے سره دَ تول زړهٔ سره،دَ خپل تول رُوح، دَ خپل تول عقل اَؤ دَ خپل تول طاقت سره مینه کوه.*

بنیادی راہبان جوړول

موږ دي.	له دې امله موږ دي.	لاس حرکتونو
خداي مینه له ټولو زړه	تعریف	لاس په لاس و کړلي زړه او له هغې وروسته په لویې لاسونه پورته کړي.
خداي مینه سره زموږ ټول اروا	دعا	لاس څنډو ته غوټه لاس او له هغې وروسته په کلاسیکي نمونځ اړوي.
خداي مینه له ټولو په	مطالعه	و لاس په سر د ښي، چې که فکر او له هغې وروسته و ورغوو مخ پورتې د که چیرې تاسو لوستلو. یو کتاب
خداي مینه سره زموږ ټول توان	حصه کوي، چې موږ ته زده کړي دي (عمل)	و د وسلو د غړیو او کړي، نو و په پور تخمونو.

څومره خلک دا کار ته بوزي بندی کوم عبادت؟

متی ۱۸:۲۰- *ځکه چه دوه یا درے تنه چه چرته هم زما په نوُم یو ځائے شی نو زَهٔ به دَ دوئ په مینځ کښے یم".*

د حافظی ایت

یوحنا ۱۳:۳٤، ۳۵ - زَۀ تاسو ته نوے حُکم درکوم. دَ یو بل سره مینه کوئ،لکه چه ما تاسو سره مینه کړے ده دغه شان تاسو هم دَ یو بل سره مینه کوئ. که تاسو دَ یو بل سره مینه کوئ نو بیا به ټول په دے پوهه شئ چه تاسو زما مُریدان یئ."

عمل

اختتام

ساده عبادت

۱. _____

۲. _____

۳. _____

دا ستا دپاره ولې اهم ده چې د راهِبانو ګروپ شروع کړې؟

ګډې او ازمرې ☙

٤

دعا

دعا د عیسی تعارف د یو مقدس په طور کوي.هغه مقدسه زندګي تیره کړي وه او زمونږ دپاره په صلیب مړ شو.خدای مونږ ته حکم کوي چې بطور راهِبان مونږ د عیسی تابعداري وکړو.یو راهب د خدای عبادت کوي مقدسه زندګي تیره وي او د نورو دپاره دعا کوي. د عیسی تابعدارې وکړې لکه په مونځ کښې مونږ د خدای تعریف کوو. په خپلو ګناهونو ښپې مانه کیګو. خدای ته د خپلو ضرورتونو وایو او کوم څه چې هغه مونږ ته وای کوو یي.

خدای په څلورو طریقو سره زمونږ د دعا جواب ورکوي. نه (که چرته مونږ غلطی ارادی سره غواړو) په مزه (که چرته وخت صحیح نه وي) غتیدل (د جواب ورکیدو نه مخکښې مونږ پخیدل غواړو) څه (چې کله مونږ د هغه مطابق دعا اوغواړو) زده کونکو له پکار دې چې د خدای ټیلی فون نمبر محفوظ کړي. ۳۳۳ د کوم بنیاد په جیریمیه ۳۳:۳ دې او خدای ته روزانه کال کوي

تعریف

دعا

۱. ______________________________

۲. ______________________________

مطالعه

د ټیلي فون لوبه ☙

جایزه

هغه اته (۸) تصویران کوم دي کوم چې د عیسې په تابعدارئ کښې زمونږ مدد کوي؟

ضرب

هغه څه چې درې شیان لري یو صاحب کار؟
هغه څه چې د خدای ته د لومړی سړی دی؟
هغه څه چې د تېرې عیسي ته سړي دي؟
زه به څنګه وي او میوه داره ضربوي؟
هغه څه چې د نومونو د دوه سیندونه د اسراییلو کې واقع ده؟
ولې هغوی له دې امله بېلا بېلو؟
چې ته غواړې چې ته د؟

محبت
هغه څه چې درې شيان لري يو شپون؟
هغه څه چې تر ټولو مهم دی ته نور تعليم؟
مينه لري، چې له دي؟
عبادت ساده ده، چې څه دي؟
ولې مونږ عبادت ساده؟
څومره خلک دا کار ته بوزي بندی کوم عبادت؟

عيسی د څه په شان دې؟

لوقا ٤:٣٣،٣٥ - *دلته په عبادت خانے کښے يو سړے وُو چه پيريانو نيولے وُو. هغۀ په زوره چغے کړلے، "تۀ زمُونږ نه څۀ غواړے اَئے عيسىٰ ناصرى؟ تۀ راغلے چه مُونږ هلاک کړے څۀ؟ زۀ دِ پيژنم چه تۀ څوک يئے تۀ دَ خُدائے قُدوس يئے." عيسىٰ هغه ورټلو اَؤ وئے وئيل چه" غلے شه اَؤ دَ دۀ نه راوزه!" بيا پيرى هغه سړے دَ خلقو په مينځ کښے په مزکه راوويشتو اَؤ بغير دَ څۀ نقصان نه ئے هغه پريښودو*

عيسی د خدای مقدس دې مونږ د هغه عبادت کوو هغه به خداې په مخکښې زمونږ ثالثي هم کوي. هغه غواړي چې مونږ د نورو ثالثي وکړو او يو مقدسه زندگي تيره کړو.عيسی مقدس دې مونږ ته راهِبان ويلې شي

لاس په لاس نمونځ کلاسيک آچول

هغه کوم درې (٣) کارونه دي چې راهب يې کوي؟

متی ٢١:١٢،١٦- *عيسىٰ بيا دَ خُدائے کور ته ورننوتو اَؤ هغه ټول خلق چه دَ خُدائے په کور کښے ئے سوداګرى کوله، هغه ئے وشړل اَؤ دَ صرافانو تختے اَؤ دَ کونترو*

دَ خر څوُونکو تختګئ ئے په بل مخ واړولے، اوٚ ورته ئے ووئیل چه "صحیفے وائی چه : «زما کور به دَ دُعا کور شی،» خو تاسو ترے دَ ډاکوانو غار جوړ وئ." دَ خُدائے په کور کښے ورته ړانده اوٚ شل ګډ خلق راغلل اوٚ دَهٔ هغوئ روغ کړل. کاهنانو اوٚ دَ شرعے عالمانو چه دا نا آشنا کارُونه ولیدل چه هغهٔ وکړل اوٚ دَ خُدائے په کور کښے دَ ننه ئے چه دَ ماشومانو دا چغے واوٚریدے چه "دَ داوٚد په زوی دِ ثنا وی،" نو هغهٔ ته ئے ووئیل چه دا ماشومان چه څهٔ وائی،ته ئے اوٚرے؟" عیسیٰ جواب ورکړو چه " هو،زَهٔ ئے اوٚرم. آیا تاسو صحیفے نهٔ دی لوستے چه : «دَ وړو اوٚ تی روډُونکو دَ خُلے نه تا ثنا کامله کړه« .

۱. ______________________________

۲. ______________________________

۳. ______________________________

نمونځ، چې څنګه موږ باید؟

لوقا ۱۰، ۲۱-هم په دغه وخت عیسیٰ په رُوحُ القُدس لویه خوشحالی وکړه اوٚ عیسیٰ ووئیل،"ائے پلاره! دَ آسمان اوٚ مزکے مالکه! زَهٔ ستا شُکر کوم چه دا خبرے دِ دَ هوښیارانو اوٚ پوهانو نه پټے کړلے اوٚ ماشُومانو ته دِ ښکاره کړلے. ائے پلاره! دا ستا رضا وه.

۱. ______________________________

عبادت لاس په پورته

لوقا ۱۸: ۱۰، ۱٤ -'دوه سړی دَ دُعا دَ پاره دَ خُدائے کور ته لاړل،یو فریسی وُو اوٚ بل محصُولچی. فریسی

ودریدلو داسے دُعا ئے وکړه،اَئے خُدایه! ستا شُکر دے چه زَهٔ دَ نورو خلقو په شان نهٔ خو حِرصناک،نهٔ بد دیانته،نهٔ زناکار اَؤ نهٔ لکه دَ دے محصُولچی په شان یم. زَهٔ په هفته کښے دوه ځله روژے نیسم اَؤ څهٔ چه ګټم دَ هغے نه لسمه ورکوم. خو محصُولچی لرے ولاړ وُو اَؤ پاس آسمان ته ئے ونهٔ کتل خو خپله سینه ئے وهله اَؤ وئیل ئے،"اَئے خُدایه! په ما رحم وکړه! زَهٔ ډیر ګناه ګار یم! زَهٔ تاسو ته وایم چه هم هغه سړے دَ هغه وړُومبی نه زیات صادِق شوے کور ته بیرته لاړو،ځکه هر څوک چه ځان اُوچتوی،هغه به غریب کړے شی اَؤ څوک چه ځان غریبوی،هغه به اُوچت کړے شی".

۲. ____________________

ورغوو دي د بهرنيو تورنيږي سر سره مخامخ و

لوقا۱۱:۹ اَؤ دغه شان زَهٔ تاسو ته وایم چه وغواړئ نو تاسو ته به درکړے شی،ولټوئ نو تاسو به ئے ومُومئ،ودبوئ اَؤ دروازه به درته لرے کړے شی

۳. ____________________

لاس ته پیاله

لوقا۲۲:۴۲ - *"اَئے پلاره! که دا چرے ستا رضا وی نو دا پیاله له مانه لرے کړه خو زما رضا نه،ستا رضا دِ پُوره شی".*

۴. ____________________

نمونځ په لاس پر سينه او په ادب ته اچولي

يوځاې دعا

به څنګه د ايالتونو د خداى څواب؟

متی۲۰ :۲۰،۲۲ بیا دَ زبدی دَ زامنو مور دَ خپلو زامنو سره ورغله،په سجده ورته پریوته اَوَ سوال ئے ورته وکړو. عیسیٰ ورته ووئیل،"ته څۀ غواړے؟ "هغے ورته ووئیل چه "زَهٔ دا غواړم چه ستا په بادشاهئ کښے دِ زما دواړه زامن ستا په څنګ کښے ناست وی، يو ستا ښی لاس ته اَوَ بل ګس لاس ته" عیسیٰ هغه وړُونو ته مخ وروګرځولو اَوَ ورته ئے ووئیل، "تاسو چه څۀ غواړئ په هغے نۀ پوهیږئ. ګوم دَ مُصیبتونو کنډول چه زَهٔ ئے څښُونکے یم آیا تاسو به هغه وڅښلے شئ؟ "هغوئ جواب ورکړو چه " هو،مونږ ئے څښے شُو".

۱. ____

☟ اشاره سر پي آر د خبرېال په نښا ګډوم

لوقا ۱۱:۱۱،۱۵ دَ دے وئیلو نه پس عیسیٰ ووئیل چه"زمُونږ آشنا لعزر اُودهٔ پروت دے خو زَهٔ ورځم چه راویښ ئے کړم." مُریدانو ووئیل،"مالِکه! که چرے هغه اُودهٔ وی نو هغه به روغ شی." عیسیٰ دَ هغهٔ دَ مرګ خبره کوله خو دَ هغوئ دا خیال وُو چه ګنی دا دَ اُودهٔ کیدو خبره کوی. بیا عیسیٰ صفا ورته ووئیل،"لعزر مړ دے. دا ښه ده چه زَهٔ هلته نۀ وم په دے چه تاسو ایمان راوړئ. خو راځئ چه هغهٔ ته ورشُو".

۲. ____

☟ و لاس پوري په خبر يو موثر عمليات دي.

لوقا ۹:۵۱،۵۶ هر کله چه هغه رانزدے شو چه عیسیٰ
پاس آسمان ته بوتلُونکے وُو نو هغهٔ بیتُ المُقدس ته په
پخه اِراده مخه وکړه. اَؤ دَ ځان نه ئے وړاندے اَستازی
واستول. هغوئ لاړل اَؤ دَ سامریه یو کلی ته ورغلل
چه دَ هغهٔ دَ پاره تیاری وکړی. خو دَ کلی خلقو هغه
قبُول نهٔ کړو چه دَ هغهٔ مخه دَ بیتُ المُقدس په لور وه.
هر کله چه دَ هغهٔ مُریدانو یعقوب اَؤ یوحنا دا ولیدل
نو وئے وئیل،"مالکه! مُونږ دَ آسمان نه دَ دے کلی دَ
سوزولو دَ پاره اور غواړُو څهٔ؟" خو هغهٔ ورته مخ ور
واړوو اَؤ وئے رټل. نو بیا هغوئ بل کلی ته لاړل.

۳. ____

تو بهرلیکه بوټو لاس.

یوحنا ۱۵:۷ *که تاسو په ما کښے اوسئ اَؤ زما*
خبرے په تاسو کښے اوسی نو چه تاسو څهٔ غواړئ
دَ هغے خواهش کوئ اَؤ زهٔ به ئے درکوم.

۴. ____

"د سر اشاره چرت «هو» په لاس او روان
اشاره کوي، هغه وايي: ".

د حافظی ایت

لوقا ۱۱:۹ اَؤ دغه شان زهٔ تاسو ته وایم چه وغواړئ
نو تاسو ته به درکړے شی،ولټوئ نو تاسو به ئے
ومُومئ،ودبوئ اَؤ دروازه به درته لرے کړے شی.

عمل

په دې جوړې به د مشر دی.

اختتام

د تليفون شمېره ☙

جرميح ۳:۳۳- د ندا او زه به خبره غبرگوي او زه به تاسو زوري او قوى چې نه پوهيږي چې تاسو

لاس دوه لس گوتو ☙

٥

فرمان برداري کوې

په ځاي شان همکارانو زده کړيانو ته ماته يسوع د يو مامور: د حکومتي مامورينو له خلکو سره مرسته کوي. هغوی بايد د خاك سارو زړه، او دوی په ځاي د هغوی استاد دی. په همدې ډول خدمت عيسي او د خپل پلار، موږ اوس او خدمت عيسي. د ټولو د هغه له موږ سره څلور امرونه مني، مريدانو: ولاړ، د غيږه اطاعت وکړي او دوی ته امر ټول هغه دي. عېسائ هم ژمنه وکړه چې هغه به تل سره وي. هغه مهال چې عيسي امر ورکوي، موږ بايد دا فرمان برداري د ټولو وخت کې له تر لاسه کولو وروسته سمدلاسه د زړه، او له مينې.

طوفانونه په ژوند کې د هر چا ته سولمنۍ غښتلی کوی، خو د فرمان برداري عيسي د خپل ژوند د بی عقله انسان فرمانونه نه لري. و لاس پورې په پای کې زده کوونکي ته لار هواره کړې ده په 92 نيټه نقشه، د خپل يو انځور، چې د هغوی برخه د حاصل د ټولولو پر سر په پای به د شاګردئي.

تعریف

دعا

۱.څنګه به مونږ د هغه کسانو دپاره دعا وکړو کوم چې ورک شوي دي
۲.څنګه به مونږ د هغه ګروپ دپاره وکړو کوم له چې تربیت ورکوي.

مطالعه

د چرګانو فنکي! ☙

جایزه

هغه اته (۸) تصویران کوم دي کوم چې د عیسی په تابعدارئ کښې زمونږ مدد کوي؟

ضرب
هغه څه چې درې شیان لري یو صاحب کار؟
هغه څه چې د خدای ته د لومړی سړی دی؟
هغه څه چې د تېرې عیسي ته سړي دي؟
زه به څنګه وي او میوه داره ضربوي؟
هغه څه چې د نومونو د دوه سیندونه د اسراییلو کې واقع ده؟
ولې هغوی له دې امله ببلا ببلو؟
چې ته غواړې چې ته د؟

محبت

هغه څه چې درې شیان لري یو شپون؟
هغه څه چې تر ټولو مهم دی ته نور تعلیم؟
مینه لري، چې له دي؟
عبادت ساده ده، چې څه دي؟
ولې موږ عبادت ساده؟
څومره خلک دا کار ته بوزي بندی کوم عبادت؟

دعا

هغه څه چې درې شیان لري د ابدال؟
نمونځ، چې څنګه موږ باید؟
به څنګه چې موږ د خدای خبره؟
هغه څه چې د خدای د تلیفون شمېره؟

عیسی د څه په شان دې؟

مرقس ۱۰:۴۵ ځکه چه اِبن آدم هم دَ دے دَ پاره نۀ دے راغلے چه خدمت واخلی بلکه دَ دے دَ پاره راغلے دے چه دَئے دَ نورو خدمت وکړی اَؤ چه خپل ژوندُون دَ ډیرو په بدل کښے په فدیه ورکړی."

👋 **په پلمه چټکه**

کوم درې څیزونه یو ملازم کوی؟

فیلیپیانو ۲:۵،۸- *هم هغه شان څوئ لرئ لکه څنګه چه دَ مسیح عیسیٰ وُو. هغه اګر که دَ خُدائے په صُورت وُو دَ خُدائے سره برابریدل ئے په قبضه کښے دَ ساتلو څیز ونۀ ګنڼلو. بلکه خپل ځان ئے دَ هغه ټولو اِختیارُونو نه خالی کړو اَؤ دَ غُلام شکل ئے اِختیار کړو،اَؤ دَ اِنسان په شان شو. اَؤ په اِنسانی جُسه کښے*

بنيادی راهبان جوړول

ښکاره شو،خپل ځان ئے عاجز کړو اَوُ دومره تابعدار شو چه مرګ،بلکه دَ سولئ مرګ ئے وزغملو.

۱. ________________________________

۲. ________________________________

۳. ________________________________

دی چې د نړی په واک کې تر ټولو لوړه

متی ۲۸:۱۸- بیا عیسیٰ ورغے اَوُ خبرے ئے ورسره وکړے اَوُ ورته ئے ووئیل چه"دَ آسمان اَوُ دَ مزکے ټول واک ما ته راکړے شوے دے.

____

هغه څه چې څلور فرمانونه عیسي ده هر ورور

متی ۲۸:۱۹،۲۰- ځکه تاسو په مزکه خوارۀ شئ اَوُ ټول قومُونه زما مُریدان کړئ اَوُ دَ پلار،دَ زوئے اَوُ دَ رُوحُ القُدس په نامه ورته بپتسمه ورکړئ. اَوُ دا تعلیم ورکوئ چه په هغه ټولو خبرو عمل کوئ چه ما تاسو ته حُکم کړے دے.

۱. ________________________________

وړاندي تګونه حرکت ګوتو

۲. ________________________________

په څلور عبادت لاس حرکتونه له: ساده زده کړې ته دعا کوم، کړې

۳. ________________________________

ستاسو په خپل لاس و کړلو نورو ثنګوېږدي ، د ثنګوېږدي او ځکه د که يو ثوک دی غوتهٔ و ورکوئ

٤. ________________________________

لاس په توګه که چيرې تاسو لوستلو يو کتاب کې، او له هغې وروسته د هغه وويل: د کتاب بنې لاس د خلکو تعليم که چيری تاسو

فرمان برداري، چې خنګه مورږ بايد؟

۱. ________________________________

بنې لاس حرکت چپې خوا له خوا د بنې

۲. ________________________________

لاس ته حرکت په سر په ترازه حرکت

۳. ________________________________

لاس پر له کوره په لاسونه پورته ځي ګر او له هغې وروسته د خدای په لويي

نيتهٔ و عيسي هر څه ورور

متی ۲۸:۲۰- *ا آؤ دا يقين لرئ چه زهٔ به تل تاسو سره يم،تر آخره وخته پورے.*

د حافظې ایت

یوحنا ۱۰:۱۵-که چرې تاسو زما په حُکمونو عمل کوئ نو تاسو به زما په مینه کښې اوسئ لکه چه ما دَ خپل پلار په حُکمُونو عمل کړے دے اَؤ دَ هغهٔ په مینه کښې اوسم.

عمل

هغه وویل: "د وچتې په د جوړې به د مشر."

اختتام

د ودانۍ په ربښتیا بنسټ

متی ۲۸:۷، ۲۵ - اَؤ هغه سړے څوک چه زما دا خبرے اَؤری اَؤ عمل پرے کوی، هغه به دَ هغه هوښیار سړی په شان وګڼلے شی چا چه خپل کور په یو مضبُوط ګټ باندے ودان کړے وو. اَؤ چه باران وشو، سیلاب راغے،ژُول تیز شو اَؤ دَ دهٔ کور سره ئے ټکرے وخوړے، خو دا راپرے نهٔ وتو ځکه چه بنیادُونه ئے په یو مضبُوط ګټ باندے وو.

متی ۲۶:۷؛۲۷- خو دَ هغه چا به څهٔ انجام وی چه زما دا خبرے اَؤری اَؤ عمل پرے نهٔ کوی؟ دَ هغهٔ مِثال دَ هغه ناپوهه سړی دے چا چه په شګو خپل کور جوړ کړے وو. باران ووریدو،سیلاب راغے،ژُول تیز شو اَؤ دَ دے کور سره ئے ټکرے وخوړے اَؤ راپریوتو اَؤ برباد شو.

د باب ۲۹ نقشې- برخه۱

٦

تګ

تګ د زده کونکو تعارف د عیسی سره د څوی په شان کوي.څوی/
لور عزت کوي د خپل پلار،اتفاق غواړي او خپل خاندان کامیاب
لیدل غواړي.پلار عیسی ته :معشوق: ویل. او مقدس روح په عیسی
باندې په اصطباغي عمر کښې نازل شو.عیسی په خپل نایب توب
کښې کامیاب شو ځکه چې هغه د مقدس روح په طاقت باندې
انحصار کوو.

هم دغه شان مونږ. به هم په خپل ژوند کښې په د مقدس روح په
طاقت باندې انحصار کوو.د مقدس روح حوالی سره ډلور حکمونه
به مونږ پوره کوو.روح سره ګرځه، روح مه خفه کوه،د روح نه
پوره (ډک) اوسه او روح مه ختموه (مه وژنه).عیسی نن هم زمونږ
سره دې او غواړي چې زمونږ مدد کوي. ځنګه چې هغه د ګلیلي په
سړکونو باندې د خلقو مدد کړې وو.مونږ عیسی رابللی شو که چرته
مونږ د څه داسې څیز علاج کول غواړو کوم چې مونږ د هغه د
تابعدارئ نه منع کوي.

تعريف

دعا

۱. ځنګه مونږ د ورک شوو خلقو دپاره دعا کولې شو چې هغو بچ کړې شو.؟
۲. ځنګه مونږ ستا د تربيت ګروپ دپاره دعا کولې شو.؟

مطالعه

د هوا نه خالي ☙

جايزه

هغه اته (۸) تصويران کوم دي کوم چې د عيسی په تابعدارۍ کښې زمونږ مدد کوي؟

ضرب

هغه څه چې درې شيان لري يو صاحب کار؟
هغه څه چې د خداې ته د لومړی سړی دی؟
هغه څه چې د تېرې عيسي ته سړي دي؟
زه به څنګه وي او ميوه داره ضربوي؟
هغه څه چې د نومونو د دوه سيندونه د اسراييلو کې واقع ده؟
ولې هغوی له دې امله ببلا ببېلو؟
چې ته غواړې چې ته د؟

محبت

هغه څه چې درې شیان لري یو شپون؟
هغه څه چې تر ټولو مهم دی ته نور تعلیم؟
مینه لري، چې له دي؟
عبادت ساده ده، چې څه دي؟
ولې موږ عبادت ساده؟
څومره خلک دا کار ته بوزي بندی کوم عبادت؟

دعا

هغه څه چې درې شیان لري د ابدال؟
نمونځ، چې څنګه موږ باید؟
به څنګه چې موږ د خدای خبره؟
هغه څه چې د خدای د تلیفون شمېره؟

فرمان برداري کوې

هغه څه چې درې شیان لري یو مامور دی؟
هغه څه چې څلور دي، چې فرمانونه عیسي ته ور هر ورور دی؟
فرمان برداري، چې څنګه موږ باید ماته یسوع؟
وفا و څه ده ته ور په عیسي ورور دی؟
دی چې تر ټولو واکمن؟

عیسی د څه په شان دې؟

متی ۳:۱٦،۱۷دَ بپتسمے نه پس عیسیٰ دَ اوبو نه سمدستی راوختو اَؤ په هغه وخت آسمان ورته خلاص شو اَؤ دَ خدائے رُوح ئے ولیدو چه دَ کونترے په شان په هغهٔ راګوزیدو. اَؤ ګورئ،دَ آسمان نه دا آواز راغے چه "دا زما خوږ زوئے دے چه په ما ګران دے اَؤ زهٔ ترے رضا یم.

مایل لاس حرکت خوله د خوړلو. که چیرې تاسو زامن خوړو یو زیات

کوم درې څيزونه يو څوې کوی؟

یوحنا ۴:۱۷ ۲۱:۱۸ - *ما په هغه کار پُوره کولو ستا جلال په د ے دُنيا کښے څرګند کړو،ګوم چه تا ما ته حواله کړے وُو.لکه چه تا زَهٔ دُنيا ته را استولے يم دغسے ما دوئ دُنيا ته استولی دی. اَؤ اوس زَهٔ دَ دوئ دَ خاطره خپل ځان مُقدس کوم چه دوئ هم دحقيقت په وسيله مُقدس شی. خو زَهٔ يواځے دَ دوئ دَ پاره دُعا نهٔ کوم بلکه دَ هغه چا دَ پاره هم څوک چه دَ دوئ دَ کلام په وسيله په ما ايمان راوړی. ته دوئ ټول يو کړه. لکه چه تهٔ پلاره په ما کښے يئے اَؤ زَهٔ په تا کښے يم دغه شان دِ دوئ هم په مُونږ کښے يو وی چه دُنيا دا ايمان ولری چه زَهٔ تا را استولے يم.*

۱. ______________________________

۲. ______________________________

۳. ______________________________

د عيسی نايب توب ولې کامياب وو.؟

لوقا ۱۴:۴- *بيا عيسیٰ دَ رُوحُ القُدس په قُدرت ګليل ته واپس شو اَؤ په ټول وطن کښے دَ هغهٔ آوازه ګير چاپيره خوره شوه.*

____

په صليب ختو نه وړاندې ولې عيسی د پيروکارو سره د مقدس روح باره کښې وعده وکړه؟

یوحنا ۱۴:۱۶،۱۸- *اَؤ زَهٔ به پلار ته خواست وکړم چه تاسو ته بل مددګار درکړی څوک چه به تاسو سره مُدام وی، اَؤ هغه به دَ حق رُوح وی،دُنيا هغه نهٔ شی قبلولے*

ځکه چه دُنیا نهٔ خو هغه وینی اَوْ نهٔ ئے پیژنی خو تاسو ئے پیژنئ ځکه چه هغه تاسو سره اوسی اَوْ په تاسو کښے وی. زَهٔ به تاسو یتیمان نهٔ پریږدم،زَهٔ تاسو ته بیرته راځم.

۱. ______________________

۲. ______________________

۳. ______________________

۴. ______________________

د خپل دوباره راژوندي کيدو نه پس عيسی د پيروکارو سره څه وعده وکړه.؟

اعمال ۸:۱ - خو تاسو ته به رُوحُ القُدس په نازليدو طاقت درکړے شی اَوْ تاسو به په بیتُ المُقدس کښے اَوْ په ټوله یهُودیه اَوْ سامریه کښے اَوْ دَ دے نه اخوا دَ دُنیا تر بله سره زما شاهدان یئ."

____

د مقدس روح متعلق کوم څلور حکمونه پوره کول دي؟

گلتيانو ۵:۱٦- زما مطلب دا دے چه که تاسو دَ خُدائے دَ رُوح په ښودلی لار روان یئ نو دا جسمانی شوقُونه به هیڅ کله هم پُوره نهٔ کړئ.

۱. ______________________

چټکي سيل په لاس د دواړو

بنیادی راہبان جوړول

اِفِسیانو ٤:٣٠- اَوَ دَ خُدائے پاک رُوح خفه کوئ مه،دَ کُوم نه چه په تاسو دَ خلاصُون دَ ورځ دَ پاره مُهر لګولے شوے دے.

.٢ ___________________________

ښیر چي تاسو په ښیر سوده دي بیا اشاره سر نه په نڅا ګډوي

اِفِسیانو ٥:١٨- اَوَ په شرابو مستیګئ مه کَکه چه دَ دے نه بدکاری پیدا بلکه په پاک رُوح معمُور شئ.

.٣ ___________________________

و په غرزي کوم حرکت په دواړو لاسونو ته له پښنو په سر د خپل سر

تِسالونیکانو اول٥:١٩ دَ رُوحُ القُدس دَ اثر لرے کولو کوشِش مۀ کوئ.

.٤ ___________________________

و حق لري په ښیر د شاخصونو د شم. په توګه کوي، که تاسو پو لپاره هڅه کوي. اشاره خپل سر پي آر د خبرپال په نڅا ګډوم

د حافظي ایت

یوحنا *٧:٣٨- اَوَ څوک چه په ما ایمان راوړی،لکه چه صحیفے وائی«دَ ژوندُون دَ ابو سینڈُونه په دَ هغۀ نه بهیږی.»*

عمل

اختتام

عيسى دلته دي ❧

عبرانيانو۱۳ :۸-عيسىٰ مسيح پرُون،نن
اَوْ تل تر تله په يو شان دے.

متى ۱۵ :۳۰، ۳۱ - نو ډير خلق ورته راغلل چه ورسره
ګډ،کانړۀ،شل اَوْ ډير رنځوران وُو. دوئ هغه خلق دَ
دَۀ په پښو کښے کيښودل اَوْ هغۀ هغوى جوړل کړل.
هغه خلق په دے ډير حيران شول چه چاړاګانو خبرے
وکړلے،مات ګډ خلق روغ شول اَوْ ګرزيدل اَوْ ړاندۀ بينا
شول اَوْ ټولو په دے دَ اِسرائيل دَ خُدائے لوئى بيان کړه.

يوحنا ۱۰ :۱۰ - غل دَ غلا بلکه دَ قتلولو اَوْ
تباهئ دَ پاره راځى اَوْ زَۀ دے له راغلے يم چه
خلق ژوندُون ومُومى اَوْ ډير ئے ومُومى.

۷

ځه

ځه د عیسی تعارف د یو تلاش کونکي په شان کوي. تلاش کونکي نوي ځایونه، ورک شوي خلق او نوي موقعې ګوري. څنګه عیسی دا فیصله وکړه چې چرته لاړ شي او نایب توب اوکړي. دا په خپله دا اونه کړل. هغه اوکتل چې چرته خدای کار کوي. هغه خدای سره شو او هغه ته پته وه چې خدای د سره مینه کوي او د ته به اوښایي. مونږ به څنګه فیصله کوو چې چرته نایب توب اوکړو.؟ هم هغه شان څنګه چې عیسی اوکړل.

خدای چرته کار کوي.؟ هغه په غریبانو، قیدیانو،بیمارانو او مظلومانو کښې کار کوي. بل خدای زمونږ په خاندانونو کښې هم کار کوي.هغه زمونږ ټول خاندان بچ کول غواړي. زده کونکي په خپل ایکټ ۲۹ نقشه باندې هغه خلق او هغه ځایونه ښاي چرته چې خدای کار کوي.

تعریف

دعا

١. څنګه به مونږ د هغه کسانو دپاره دعا وکړو کوم چې ورک شوي دي
٢. څنګه به مونږ د هغه ګروپ دپاره وکړو کوم له چې تربيت ورکوې.

مطالعه

جایزه

هغه اته (٨) تصویران کوم دي کوم چې د عیسی په تابعدارئ کښې زمونږ مدد کوي؟

محبت

هغه څه چې درې شیان لري یو شپون؟
هغه څه چې تر ټولو مهم دی ته نور تعلیم؟
مینه لري، چې له دي؟
عبادت ساده ده، چې څه دي؟
ولې موږ عبادت ساده؟
څومره خلک دا کار ته بوزي بندئ کوم عبادت؟

دعا

هغه څه چې درې شیان لري د ابدال؟
نمونځ، چې څنګه موږ باید؟
به څنګه چې موږ د خدای خبره؟
هغه څه چې د خدای د تلیفون شمېره؟

فرمان برداري کوي

هغه څه چې درې شيان لري يو مامور دی؟
هغه څه چې څلور دي، چې فرمانونه عيسي ته ور هر ورور دی؟
فرمان برداري، چې څنګه موږ بايد ماته يسوع؟
وفا و څه ده ته ور په عيسي ورور دی؟
دی چې تر ټولو واکمن؟

تګ

هغه څه چې درې شيان لري يو زوی دی؟
هغه څه چې د واک د سرچينې په عيسي د وزارت په دي؟
نيټه و عيسي هغه څه چې په اړه د سپېڅلي همت ګروهنان له هغه وروسته حشر؟
نيټه و عيسي څه په اړه د سپېڅلي همت ګروهنان څخه دمخه د؟
هغه څه چې څلور فرمانونه په اړه د جهاد په همت؟

عيسى د څه په شان دې؟

لوقا ۱۹:۱۰ آؤ اِبن آدم دے له راغلے دے چه ورک شوی ولټوی آؤ بچ ئے کړی

____

او نظر سره په سترګو لاس

هغه کوم درې (۳) څيزونه دې چې تلاش کونکي يې کوي.؟

۱. ____

۲. ____

۳. ____

بنیادی راهبان جوړول

څنګه عیسی فیصله اوکړه چې چرته نایب توب اوکړي.؟

یوحنا ۵:۱۹، ۲۰-دَ دے اِلزام په جواب کښے عیسیٰ ووئیل چه"زَۀ تاسو ته رښتیا رښتیا وایم،زوئے په خپله هیڅ نۀ شی کولے بے له هغه کار نه چه وینی چه پلار ئے کوی. څۀ چه پلار کوی هغه زوئے هم کوی. ځکه چه پلار دَ زوئے سره مینه کوی اَؤ خپل ټول کارُونه ورته څرګندوی. لا دَ دے نه زیات لوئے کارُونه به ورته داسے څرګند کړی چه تاسو به حیران پاتے شئ.

۱. ______________________________

✋ خپل یو لاس په زړه کیږده او اوایه :نه

۲. ______________________________

✋ خپل یو لاس په سترګو کیږده او ګس او ښاې ته تلاش کړه

۳. ______________________________

✋ خپل مخکښې یو ځاې ته لاس اونیسه او سر اوخوزوه :هو

٤. ______________________________

✋ د تعریف دپاره لاس بره اوچت کړه او په زړه یې تیر کړه

مونږ به څنګه فیصله کوو چې چرته نایب توب اوکړو.؟

یوحنا اول ۲:۵،۶ که څوک دَ هغهٔ په کلام عمل کوی نو په هغهٔ کښې دَ خُدائے مینه کامله شوے ده. اَوْ داسے مُونږ ته معلومه ده چه مُونږ دَ خُدائے سره شراکت لرُو. هر هغه څوک چه وائی چه "زَهٔ دَ هغهٔ په شراکت کښې قائم یم،" نو په کار دی چه هغه دِ داسے ژوند تیر کړی لکه څنګه چه مسیح تیر کړے وُو.

څنګه به مونږ معلوموو که خدایٍ کار کوي؟

یوحنا ۶:۴۴-ځکه چه ما ته یو داسے سړے نهٔ شی راتلے ګوم چه پلار چه زَهٔ ئے رالیږلے یم ما ته رانهٔ کاږی،اَوْ زَهٔ به هغه په آخری ورځ راپورته کړم.

عیسی چرته کار کوي؟

لوقا۴:۱۸،۱۹ - «دَ رب رُوح په ما نازل دے ځکه چه زَهٔ هغهٔ مسح کړے یم، اَوْ دے له ئے را استولے یم چه عاجزانو ته زیرے ورکړم، چه قیدیانو ته دَ آزادئ اَوْ ړندو ته دَ بینائی اِعلان وکړم اَوْ چه ژوبل شوی مظلُومان آزاد کړم،اَوْ دَ رب دَ قبُول شوی کال وعظ وکړم.»

۱. ________________________

۲. ________________________

۳. ________________________

۴. ________________________

بل کوم ځای دی چې عیسی هلته کار کوي؟

بد روح لړونکي سړي----- مارک ۵

کارنیلیس----- ۱۰

پیلپي کښې جیلر--- ایکټ ۱۶

د حافظې ایت

یوحنا ۱۲:۲۶- که څوک زما خدمت کوی هغه دِ ماپسے راځی اَو چرته چه زَهٔ یم هلته به زما خادم هم وی. هر څوک چه زما خدمت کوی هغهٔ ته به زما پلار عزت ورکړی.

عمل

اختتام

ایکټ ۲۹ نقشه برخه دوم

په خپل ایکټ ۲۹ نقشه اوباسه او لیبل کړه هغه ځایونه کوم ځای چې عیسی کار کوي.په خپله نقشه باندی کم از کم پنځه (۵) ځایونه اوښایه چې ستا یقین دې هلته عیسی کار کوي او په هر ځای کراس نښه راکاږه.لیبل کړه چې څنګه خدای هلته کښې کارکوي.

۸

خلقوتھ اووایے

خلقوتھ یسوع د سپاہی پہ شکل کبنې پیش کړے- سپاہی دشمن سرہ جګړہ کوی- سختہ برداشت کوی او قیدیان آزادہ وی- یسوع یو سپاہی دے - کہ مو نګ د ھغہ پیروی و کړو -

مونګ بہ ہم سپاہیان شو - کہ مونګ التہ کار شروع کړوچرتہ چہ خدے کار کوی- نو مونګہ بہ روحانی فلاح او موندو - یقین کونکی شیطان لہ ځنګہ شکست ور کوی - مونګہ ھغہ لہ د یسوع صلیب تہ ختو باندے شکست ور کوو خپل دلیل پیش کوواو خپل یقین د پارہ مړکیدو نہ نہ پریګو-

یو مظبوط دلیل دادے ځما د زندګی قیصہ چہ مزہ د یسوع سرہ تلو کہ چہ ځما پہ زندګی کبنې کوم فرق داغلے دے -دلیل ډیر مظبوط ھلہ وی کلہ چہ مونګ خپل بحث مختصر سا تو - کلہ چہ مونګہ د تبدیلیدو وخت نہ خایو او کلہ مونګ عام زبان استعمالوو ، یقین نہ ساتلو والا زر پو ہیګی –

پروګرام یو تقریر سرہ ختمیګی - کوم کس چہ د څلو یخت ٤٠ ھغہ کسانو نامے او لیکی کوم چہ ورک شوی دی -اول، دویم، دریم را تلونکی تہ انعام ملاویګی- خو انعام بہ ټو لو تہ ملاویګی ځکہ چہ مونګ ټو لو او ګا ټلہ چہ خپل ثبوت بہ ځنګہ پیش کبنې –

تعریف

دعا

۱. څنګه به مونږ د هغه کسانو دپاره دعا وکړو کوم چې ورک شوي دي
۲. څنګه به مونږ د هغه ګروپ دپاره وکړو کوم له چې تربيت ورکوې.

مطالعه

جایزه

هغه اته (۸) تصویران کوم دي کوم چې د عیسې په تابعدارئ کښې زمونږ مدد کوي؟

دعا

هغه څه چې درې شیان لري د ابدال؟
نمونځ، چې څنګه موږ باید؟
به څنګه چې موږ د خدای خبره؟
هغه څه چې د خدای د تلیفون شمېره؟

فرمان برداري کوې

هغه څه چې درې شیان لري یو مامور دی؟
هغه څه چې څلور دي، چې فرمانونه عیسي ته ور هر ورور دی؟
فرمان برداري، چې څنګه موږ باید ماته یسوع؟
وفا و څه ده ته ور په عیسي ورور دی؟
دی چې تر ټولو واکمن؟

خلقوته اوواییے

تک

هغه څه چې درې شیان لري یو زوی دی؟
هغه څه چې د واک د سرچینې په عیسي د وزارت په دي؟
نېټه و عیسي هغه څه چې په اړه د سپېڅلي همت گروهنان له هغه وروسته حشر؟
نېټه و عیسي څه په اړه د سپېڅلي همت گروهنان څخه دمخه د؟
هغه څه چې څلور فرمانونه په اړه د جهاد په همت؟

څه

هغه څه چې درې شیان لري یو طالب؟
انفصال و، چې څنګه چې ماته یسوع ته د وزیر؟
انفصال څنګه چې مور. ته د وزیر؟
څنګه به مور. پوهیږ.و چې خداې چیرې دې کار کوي؟
چې دا کار عیسي؟
چې هلته یو بل ځای عیسي کار کوي؟

عیسی د څه په شان دې؟

متی ۲۶:۵۳-آیا تا دا گمان کړے دے چه زَهٔ کنی خپل پلار ته سوال نهٔ شم کولے چه سمدستی دَ فرښتو دولس لښکرے زما مدد ته راواستوی؟

تیغ وهئ

هغه کوم درې (۳) څیزونه دې چې سپاہی یې کوي.؟

مرقس ۱:۱۲،۱۵ - سمدستی رُوحُ القُدس هغه بیابان ته واستوو. اؤ هلته کښے هغه تر څلویښتو ورځو پورے دَ شیطان په لمسُون کښے وآزمائیلے شو. هغه دَ ځنګلی ځناورو سره وُو اؤ فرښتے دَ هغهٔ په خدمت کښے حاضرے وے. هر کله چه یحییٰ ونیولے شو نو عیسیٰ

بنيادي راهبان جوړول

ګلیل ته راغے اَو دَ خُدائے دَ زیری وعظ ئے کولو چه "وخت پُوره شو،دَ خُدائے بادشاهی په تاسو دَ بره کیډُونکی ده. توبه ګار شئ اَو په زیری ایمان راوړئ".

۱. ______________________________

۲. ______________________________

۳. ______________________________

موږ دا څنګه ماتي ابليس؟

مُکاشفه ۱۲ : ۱۱ - خو زمُونږ. ورُونه په هغهٔ دَ ګډُوری دَ وینے په وسیله اَو ګواهئ دَ کلام په وجه غالب شول،اَو خپل ځان ئے هم عزیز ونهٔ ګنڼلو تر دے چه مرګ ئے هم قبُول کړو.

۱. ______________________________

☝ خپلو دوارو تلو ته په ګو نے سره اشاره و کړه

۲. ______________________________

☝ لاس پر خوله په لر او بر کي د پیاله که چیرې تاسو ته یو بل چا

۳. ______________________________

☝ لاس یوځے سا تے لکھ دیو زنجیر-

ځہ چھ یو مظبوط دلیل دے؟

۱. ______________________________

خپلے مخے تھ کس طرف تھ اشاره او کړه-

۲. ______________________________

خپلے صخے منزتہ اشاره او کړه –

۳. ______________________________

خی طرف تہ تاؤشہ اولاسونہ خکتھ پورتہ کړه-

۴. ______________________________

ته ګوته نیسي چې په کې د لوي ګنده که چیرې تاسو په هکله فکر کوي.

دپیروی دپاره ځہ اهم نکات کوم دی ؟

۱. ______________________________

۲. ______________________________

۳. ______________________________

د حافظي ایت

کورنتیانو اول ۱۵:۳،٤- ما د تولو نه وړُومبے هغه اهمه خبره در ورسوله کومه چه ما ته رارسیدلے وه چه مسیح دَ کتابِ مُقدس په مُطابق زمونږ دَ ګناهُونو دَ پاره مړ شو، ٤ آؤ ښخ شو آؤ دَ کتاب مُقدس په مُطابق په دریمه ورځ بیا ژوندے پاڅیدلو.

عمل

مالګه اوابه ☙

اختتام

خوک به ورک شوی)٤٠(کسان ځرا ولیکی ☙

۹

کرونده

کرونده د حضرت عیسی پیژندگلی د یو کرونده گر په حیث کوی ۔ کرونده گر تخم کری، د خپلو زمکو خسمانه کوی او په زیات فصل کیدو د خوشحالی اظهار کوی ۔ حضرت عیسی یو کرونده گر دے او هغه مونږ سره اوسیږی ۔ کله چې مونږ د هغهٔ پیروی کوؤ نو مونږ به هم لکه ښهٔ کرونده گر یو ۔ کله چې مونږ لږ تخم کرو نو لږ فصل ریبو او کله چې زیات کرو نو زیات رېبو ۔ مونږ له د خلقو په ژوند کښې څه کرل پکار دی؟ مونږ دوئی ته بس یوه مطلق خوشحالی ورکولے شو او د خدائے پاک کورنی ته ئې واپس راوستے شو ۔

مونږ چې یو ځل دا پوهه شو چې خدائے پاک د یو انسان په ژوند کښې کار او قدرت لری نو مونږ هغهٔ سره مطلق خوشخبری شریکولے شو ۔ مونږ پوهیږو چې ددې حفاظت د خدائے پاک طاقت دے ۔

تعریف

دعا

۱. ځنګه به مونږ د هغه کسانو دپاره دعا وکړو کوم چې ورک شوي دي
۲. ځنګه به مونږ د هغه ګروپ دپاره وکړو کوم له چې تربیت ورکوې.

مطالعه

جایزه

هغه اته (۸) تصویران کوم دي کوم چې د عیسی په تابعدارئ کښې زمونږ مدد کوي؟

فرمان برداري کوې

هغه څه چې درې شیان لري يو مامور دی؟
هغه څه چې څلور دي، چې فرمانونه عیسي ته ور هر ورور دی؟
فرمان برداري، چې ځنګه موږ باید ماته یسوع؟
وفا و څه ده ته ور په عیسي ورور دی؟
دی چې تر ټولو واکمن؟

تګ

هغه څه چې درې شیان لري يو زوی دی؟
هغه څه چې د واک د سرچینې په عیسي د وزارت په دي؟
نیټه و عیسي هغه څه چې په اړه د سپیڅلي همت ګروهنان له هغه وروسته حشر؟
نیټه و عیسي څه په اړه د سپیڅلي همت ګروهنان څخه دمخه د؟
هغه څه چې څلور فرمانونه په اړه د جهاد په همت؟

څه

هغه څه چې درې شیان لري يو طالب؟
انفصال و، چې څنګه چې ماته يسوع ته د وزير؟
انفصال څنګه چې موږ ته د وزير؟
څنګه به موږ پوهیږو چې خداې چیرې دې کار کوي؟
چې دا کار عیسي؟
چې هلته يو بل ځای عیسي کار کوي؟

خلقوتھ اووايے

هغه څه چې درې شیان لري يو تن عسکر؟
موږ دا څنګه ماتې ابلیس؟
هغه څه چې دا يو پیاوړي شاهدي لو بهرلیکه؟
هغه څه چې يو شمېر مهم پیروي ته؟

عیسی د څه په شان دې؟

متی ۱۳:۳۶،۳۷- هغۀ بیا خلق رُخصت کړل اؤ کور ته ورننوتو اؤ مُریدان ورته راغلل اؤ ورته ئے ووئیل چه"مُونږ په پټی کښے دَ جمدر په مِثال پوهه کړه." هغۀ په جواب کښے ووئیل چه "ښۀ تُخم کرُونکے اِبن آدم دے،

د یونا ما له خوا تارپهتار

کوم درې څیزونه يو کرونده ګر کوی؟

مرقس ٤:٢٦،٢٩-عیسیٰ ووئیل،"دَ خُدائے بادشاهی داسے ده چه یو سړے په مزکه تُخم کری. هغه دَ شپے اُودۀ شی اؤ سحر پاڅی اؤ تُخم زرغُون شی اؤ لوئے شی. دا څرنګه؟ هغه په دے نۀ پوهیږی. مزکه له ځان نه غله پخپله پیدا کوی،وړُومبے تیغ،بیا وَږی اؤ بیا په وَږی کښے تیارے دانے. خو هر کله

بنیادی راهبان جوړول

چه فصل پوخ شی نو هغه ورپسے لور راواخلی ځکه چه دَ فصل دَ ریبلو وخت راغلے وی."

۱. ________________________________

۲. ________________________________

۳. ________________________________

مطلق خوشخبری څه شے دے؟

لوقا ۲٤:۱،۷-خو دَ اِتوار په ورځ سحر وختی ښځے قبر ته راغلے اَوْ هغه تیار کړے خُوشبوئ ئے دَ ځان سره راوړے. اَوْ دَ قبر نه ئے کانړے رغړیدلے ولیدو. هغوئ دَ ننه ورغلے خو دَ مالِک عیسیٰ لاش ئے هلته ونهٔ مُوندلو. دوئ لا په دے واقعه حیرانے ولاړے وے چه ناڅاپی دوه سړی په بریښناکو جامو کښے دَ هغوئ خوا کښے ولاړ وُو. هغوئ وویریدلے اَوْ خپل سرُونه ئے مزکے ته ټیټ کړل خو هغوئ ورته ووئیل چه"ژوندے په مړو کښے څله لټوئ؟ هغه دلته نِشته،هغه پاڅیدلے دے. تاسو رایاد ے کړئ هغه خبرے چه په ګلیل کښے ئے درته کړے وے چه اِبن آدم په څنګه دَ ګناه ګارو سړو په لاس حواله کیږی اَوْ په سولئ به شی اَوْ په دریمه ورځ به ژوندے پاڅی."

اول

۱. ________________________________

خپلو لاسونو سره یوه لویه دائره جوړه کړئ

۲. ______________________________

- لاسونه خپلو کښې جوخت کړئ

دویم

۱. ______________________________

- موټے اوچت کړئ او لکه د مقابلې او جنګ کؤلو انداز جوړ کړئ

۲. ______________________________

- لاسونه خپلو کښې جوخت کړئ او بیا ئې په یو ځل زوړند کړئ

دریم

۱. ______________________________

- لاسونه سر د پاسه اوچت کړئ او بیا ئې خکته راولئ

۲. ______________________________

- د دواړو لاسونو منځنۍ ګوته د بل لاس په تلی کیږدئ

۳. ______________________________

- کِس لاس سره بنې لیچه اونیسئ،لیچه په ورستو بوځئ لکه چې هغه دفن کوڵے شی

۴. ______________________________

- لیچه دریو ګوتو سره ورستو پورته کړئ

۵. ______________________________

- لاسونه داسې خکته کړئ چې تلی ئې بهر طرف ته وی او بیا لیچې پورته کړئ او په خپله سینه ئې په کراس کښې لاندې باندې کیږدئ

خلورم

۱. ______________________________

- د هاغه یو کس په طرف لاس اوچت کړئ په چا چې یقین لرئ

۲. ______________________________

- د لاسونو تلی په بهر طرف او د مخ پړې پټ کړئ او سر واړوئ او اووایئ

۳. ______________________________

کرونده

✋ جوړ کړئ

٤. ‗‗‗‗‗‗‗‗‗‗‗‗‗‗‗‗‗‗‗‗‗‗‗‗‗‗‗‗‗

✋ لاسونه په یو بل کښې جوخت واچوئ

د حافظي ایت

لوقا ۸:۱۵ - خو دَ ښې مزکے مِثال دَ هغه چا دے څوک چه په ښهٔ اَو پاک زړهٔ سره کلام واؤری اَو پرے مضبوط شی اَو په دے دَ صبر میوه راؤړی.

عمل

خاتمه

๛ بابونه ۱۲_۹۲ چرته دی؟

๛ د باب ۹۲ نقشه - دریمه برخه

۱۰

راواخلئ

را اخیستل د سیمینار د راغوندولو سیشن دے ۔ حضرت عیسی مونږ ته د خپل صلیب اوچتؤلو او هره ورځ د هغې د پیروی کؤلو حکم کړے دے ۔ د باب ۲۹ د نقشې تصویر د صلیب دے چې حضرت عیسی هر ایزده کؤنکی ته د خپلؤلو حکم کړے دے ۔

پدې اخري سیشن کښې ایزده کؤنکی دِ دَ باب ۲۹ نقشه ګروپ ته پیش کړي ۔ د هر یو پیش کښ نه پس ګروپ دِ خپل لاسونه په پیش کؤنکی او د باب ۲۹ په نقشې خواره کړي ۔ د خدائے رحمت د پاره دِ دعا اوکړي او لاسونه دِ په مخ راکاږي ۔ بیا دِ دا ګروپ هاغه پیش کؤنکی ته دا چیلنج ورکړي چې هغه دِ حکمونه دوباره اووائي ۔ خپل صلیب پورته کړي او د عیسی پیروی اوکړي ۔ ایزده کؤنکی به درې ځله د باب ۲۹ نقشه پیش کوي تر دې پورې چې ټول کسان ختم شي ۔ د ترېننګ وخت به د عبادت د سندرې سره سر ته رسي ۔ چې د پیروی کؤلو عهد به پکښې وي ۔ او اختتامی دعا به د یو مستند روحانی مشر له خوا وی ۔

تعریف

دعا

جایزه

هغه اته (۸) تصویران کوم دي کوم چې د عیسې په تابعدارئ کښې زمونږ مدد کوي؟

ضرب

هغه څه چې درې شیان لري یو صاحب کار؟
هغه څه چې د خداې ته د لومړی سړی دی؟
هغه څه چې د تېرې عیسي ته سړي دي؟
زه به څنګه وي او میوه داره ضربوي؟
هغه څه چې د نومونو د دوه سیندونه د اسراییلو کې واقع ده؟
ولې هغوی له دې امله بېلا بېلو؟
چې ته غواړې چې ته د؟

محبت

هغه څه چې درې شیان لري یو شپون؟
هغه څه چې تر ټولو مهم دی ته نور تعلیم؟
مینه لري، چې له دي؟
عبادت ساده ده، چې څه دي؟
ولې موږ عبادت ساده؟
څومره خلک دا کار ته بوزي بندی کوم عبادت؟

دعا

هغه څه چې درې شیان لري د ابدال؟
نمونخ، چې څنګه موږ باید؟
به څنګه چې موږ د خدای خبره؟
هغه څه چې د خدای د تلیفون شمېره؟

فرمان برداري کوي

هغه څه چې درې شیان لري یو مامور دی؟
هغه څه چې څلور دي، چې فرمانونه عیسي ته ور هر ورور دی؟
فرمان برداري، چې څنګه موږ باید ماته یسوع؟
وفا و څه ده ته ور په عیسي ورور دی؟
دی چې تر ټولو واکمن؟

تګ

هغه څه چې درې شیان لري یو زوی دی؟
هغه څه چې د واک د سرچینې په عیسي د وزارت په دي؟
نیټه و عیسي هغه څه چې په اړه د سپېڅلي همت ګروهنان له هغه وروسته حشر؟
نیټه و عیسي څه په اړه د سپېڅلي همت ګروهنان څخه دمخه د؟
هغه څه چې څلور فرمانونه په اړه د جهاد په همت؟

ځه

هغه څه چې درې شیان لري یو طالب؟
انفصال و، چې څنګه چې ماته یسوع ته د وزیر؟
انفصال څنګه چې موږ ته د وزیر؟
څنګه به موږ پوهیږو چې خدای چیرې دي کار کوي؟
چې دا کار عیسي؟
، چې هلته یو بل ځای عیسي کار کوي؟

خلقوتهِ اووایے

هغه څه چې درې شیان لري یو تن عسکر؟
موږ دا څنګه ماتې ابلیس؟
هغه څه چې دا یو پیاوړي شاهدي لو بهرلیکه؟
هغه څه چې یو شمېر مهم پیروي ته؟

کرونده

هغه څه چې درې شیان لري یو؟
هغه څه چې دا رښتیا موږ د دې ساده؟

بنیادی راہبان جوړول

مطالعه

حضرت عیسی خپلو پیروکارانو ته څه حکم کوی چې هره ورځ دِ څه کوی؟

لوقا ۹:۲۳-اَؤ هغهٔ ټولو ته ووئیل،"که څوک زما مُریدی خوښوی نو هغه دِ خپل خواهشات شاته وغورزوی اَؤ هره ورځ دِ هغه خپله سولئ پورته کوی اَؤ په ما پسے دِ راځی.

کوم څلور اوازونه دی چې مونږ ته صلیب پورته کؤلو بلنهٔ درکوی ؟

لپاسنے غږ

مرقس ۱۶:۱۵-بیا هغهٔ هغوئ ته ووئیل،"دَ تمامے دُنیا هرے سیمے ته لاړ شئ اَؤ زما دَ زیری وعظ ټول مخلوق ته وکړئ.

۱. ________________________________

✋ خپله ګوته د اسمان په طرف پورته کړئ.

لوقا ۱۶:۲۷،۲۸ - مالدار سړی جواب ورکړو چه بیا نو پلاره! تهٔ به دَئے زما دَ پلار کره واستوے چرته چه زما پنځهٔ ورونه دی چه هغوئ خبردار کړی،هسے نهٔ چه هغوئ هم دَ عذاب ځائے ته راشی.

۲. ______________________________

✋ داشارې ګوته زمکې ته خکته کړئ.

کورنتيانو اول ۹:۱٦ - که زَهٔ زيرے آؤروم نو په دی ځهٔ فخر نهٔ کوم ځکه چه دا خو زما فرض دی. بلکه افسوس دے په ما،که زَهٔ زيرے وانهٔ وروم!

۳. ______________________________

✋ د اشارې ګوته د خپل زړهٔ په طرف اونيسئ.

اعمال ۱٦:۹ - آؤ دَ شپے پولوس رويا وليده چه يو مِکدونی سړے ولاړ دے آؤ دا خواست ورته کوی چه"مِکدونيه ته راپورے وزه آؤ زمُونږ مدد وکړه!"

٤. ______________________________

✋ د ګروپ په مخه لاسونه په دعائيه انداز کښې اونيسئ او داسې اشاره اوکړئ ,, دلته راشئ،،

پيشکش

د باب ۹۲ نقشې

تربیت ورکونکو ته تربیت ورکول

دا هغه معلومات ورکوي چې تربیت کونکو ته به څنګه تربیت ورکوې اول دا چې مونږ به تاسو ته هغه تسبیح ښایو د کومې چې تاسو هیله لرئ.د نورو خلقو تربیت ورکولو نه پس بنیادی راهِبان جوړول یي.د هغي نه پس به مونږه تاسو ته د تربیت ورکولو چل ښایو چې په هغي کښې شامل دي ۱ .عبادت ۲ .دعا ۳ .مطالعه ۴ .عمل چې په ډیرو اهمو حکمونو باندې مشتمل دې اخره کښې به مونږه تاسو ته څه د کار خبری ښایو کومې چې به مونګه معلومې کړي وي کله چې مونږه په زرونو خلقو ته تربیت ورکوو

دمجاهدینو

د بنیادې راهِبان جوړولو سبق نه پس زده کونکي به د دې قابل شي

- چې بنیادي لس خبرې به د عیسي علیه سلام مطابق نورو ته وښاي په یو خاص تربیت طریقه باندې
- ۸عکسونه رایاد کړئ کوم چې د عیسي علیه سلام نمایندګي کوي.
- سپاده مشري، د لګو کسانو ټولګي عبادت وکړي چې په اهم احکاماتو مشتمل دي.
- په دلایلو مضبوط علم نورو سره تقسیم کړې، دعیسي تعلیمات په بهادری سره خلقو ته ښودل.
- یو مضبوطه نظریه نقصان ته رسیدو دپاره وړاندې کول او عمل کونکي تربیت کول د ایکټ ۲۹ لاندې.

- يو تبليغي ګروپ نه شروع وکړئ (چې د هغي نه به بعض چرچ جوړ شي) او نورو ته تربيت ورکړې چې هغوی هم دغه کار وکړي

طریقه کار

د هر يو سيشن يو طريقه کار دې. لاندې ورکړې شوی په ترتيب سره جوړ کړې شوی ټايم ټيبل دې.

تعريف

- ۱۰ منټ
- چا ته اووايه چې سيشن شروع کړي د خدای د رحمت دپاره دعا وکړي او هر يو په ټولګي کښې پوهه کړې. چاته اوايه چې و ګانو والا مشري وکړي. د آلاتو استعمال اختياري دی.

دعا

- ۱۰ منټ
- زده کونکي په جوړو کښې تقسيم کړی داسې چې مخکښې يې د چا سره جوړه نه وي جوړه کړې. جوړه دې په خپلو کښې د دواو (۲) سوالونو جوابونه تکرار کړي

1. ځنګه به مونږ د ورک شوو خلق پيدا کوو دې دپاره دعا کول؟
2. د هغه ټولګي دپاره دعا کول کوم له چې تاسو تربيت ورکوې؟

- که چرته يو زده کونکي يو ټولګې نه وي شروع کړې د هغه ملګرو له پکار ده چې د هغه سره کار وکړي او د هغه د دوستانو او خاندان تربيت وکړي او بيا د هغه سره دعا وکړي د هغه چا لپاره کوم چې په لسټ کښې دي.

مطالعه

د عیسیٰ علیه سلام پیروي وکړی. تربیت کښي دا لاندي نکات دي تعریف، دعا،مطلعه او عمل دا طریقه د عام عبادت بنیاد لري چې د کومې تفصیل په ۳۳ نمبر پاڼه کښي دې. په لسو سبقونو کوم چې په ایف جي ټی رساله کښي دي

- ۳۰ منټ
- "مطالعه" سبق لاندې وړاندی کولي شي. د مطالعې هره برخه د "مختصرې جایزې" نه پیل کیږي. دا د هغه اته (۸) تصویرانو مختصر جایزه ده کومو چې د عیسيٰ علیه سلام پیروي کړې وه او د هغه سبقونو کوم چې د وسه پوری زده شوي دي. د تربیت په اخره کښي زده کونکي به د دی قابل شي چې د تربیت ټولي خبری زباني وکړي.
- د جایزې نه پس تربیت کولو والا زده کونکو ته نوې سبق ښاي او په دې خبره زور ورکوي چې په توجه سره واورئ ځکه چې دوي به مخکښي نور کسان تربیت کوي.
- کله چې تربیت ورکولو والا سبق ښاې نو په دې ترتیب دې ښاي.

۱. سوال دې کوي
۲. د انجیل تلاوت دی وکړي
۳. د زده کونکو دې حوصله افزاي وکړي چې د سوالونو جوابونه ورکړي.

په دې طریقه کښي د خداې لفظ مطلب د زندګئ خاوند دې او استاد نه دې. اکثر استاد سوال کوي جواب ورکړې او په دلیل کښي د انجیل جواب پیش کړې دې ترتیب سره استاد مشر شي د لفظ خداې په ځاې.

- که چرته زده کونکي صحیح جواب ورنکړې شي هغو مه صحیح کوی بلکه نورو کسانو ته اووایه چې هم دغه خبره په زوره زوره اوکړي او بیا تری تپوس وکړه.
- هر سبق د حافظی په ایات ختمیګي. اخري څلور (۴) ځل بهر حال ټولګې د حافظی د ایت په یاده تلاوت کوي، ټول ګروپ د ایت لس ځل تلاوت وکړي او بیا کیني.

عمل

- ۳۰ منټ
- مخکښې تربيت ورکونکي،زده کونکي د عبادت دپاره تقسيم کړي وو. د عبادت ملګری به د عمل ملګری .هم وي
- د هر سيق دا طريقه ده چې د جوړې مشر به څوک وي. د مشر، چې د چا به آموخته کوي. د روزونکي او د انتخاب د لارې د مشر د ډلې د جوړه کړي.
- د روزونکو، د شري د مشر د اورګاډو. د تربيت وخت به په مختصر جايزه او نوي سبق مشتمل وي. او ختميګي به د حافظې په ايت.زده کونګي به اودريږي کله چې د حافظې ايت تلاوت کوي.او کيني به کله چې ختم شي.
- دويم کس به طريقه دهراوهي داسې دوي تربيت هم کولی شي. دا خبره يقيني کړئ چې جوړه پاتې نه شي يا نزدی لاره راوانه باسي.
- کله چې دوي عمل کوي نو ته په کمره کښې ګرځه او ګوره چې دوی صحيح پيروی کوي او که نه. په دې خبره زور ورکړه چې زما په شان کوئ.
- بيا ورته ملګرې بدل کړه او بيا پری عمل وکړه

اختتام

- ۲۰ منټ
- اکثر سبقونه په عملي سبق ختميګي. زده کونکو ته وخت ورکړه چې په ايکټ ۲۹ کار وکړي.او د هغوي حوصله افزائ وکړه چې وګرځي او د نورو نه هم زده کړي کوم چې کار کوي.
- ضروری هدايات ورکوه او بيا چاته اووايه چې د ټولو کسانو دپاره دعا وکړي کوم کس چې مخکښې دعا نه وي کړي هغه ته اووايه چی دعا وکړي. د تربيت په اختتام کښې چی هر يو کس په عبادت کښې يو ځل حصه اخستي وي.

ساده عبادت

ساده عبادت د عیسی علیه سلام پیروی اهمه حصه ده.راهبانو کولو اهم نکته ده د کوم بنیاد چې په غټ حکم دي. ساده عبادت خلقو ته ښاي چې د زړه نه به خدای سره څنګه مینه کوي. د روح نه، د ذهن نه او د خپل ټول زور نه.

مونږ خدای سره د زړه نه مینه کوو او د هغه تعربف کوو. مونږ د خدایږ سره مینه کوو د خپل روح نه ځکه مونږ د هغه عبادت کوو. مونږ د خدای عبادت کوو د خپل ټول ذهن نه ځکه مونږ د انجیل تلاوت کوو. اخره کښې مونږ د خدایږ سره مینه کوو د خپل زور سره ځکه مونږ عمل کوو څه چې مونږ زده کړي دي او نوروخلقو ته به يې هم ښایو.

خدایږ د جنوبي ایشیا په هغه وړو ټولکو رحمت کړی دی چا چې دا خبره معلومه کړي ده چې هغوي ساده عبادت هر چرته کولې شي کور کښې،دکان کښې،پارک کښې، د اتوار سکولونو کښې حتې که لوی بلډنګ کښې.

طریقه

- د څلورو ټولګي جوړ کړه.
- هر کس د ساده عبادت یوه حصه واخلي.
- هر ځل تاسو ساده عبادت وکړی.زده کونکي تاویګي کوم عبادت چې هغوي کوي نو د تربیت په اختتام کښې هر کس د ټول عبادت هره حصه کم از کم دوه ځل کړی وي.

تعریف

- یو کس د ټول ګروپ نمایندګي کوي په ګانو کښې.
- د اوزارو ضرورت نشته دې.
- د تربیت په وخت کښې زده کونکو ته اوایه چې خپلې کرشئ داسې کیږدي لکه په هوټل کښې چې څوک په میز کیني.
- هر ګروپ به مختلف ګاني واې او داسې ډیره ښه ده.
- ګروپ ته اووایه چې دا وخت دې چې تاسو د خداې تعریف د زړه نه اوکړئ. دې ته مه ګورئ چې کوم ګروپ په تیزه ګانه واي.

عبادت

- بل کس (هغه نه کوم چې عمل کښې مخکښې وو) د عبادت مشري به کوي.
- دعبادت مشر ټول ګروپ ته درخواست وکړي د عبادت دپاره او بیا یې وه لیکي.
- دعبادت مشر د هغه وخت پورې عبادت کوي کله چې نور ملګري هم ملاو شي.
- کله چې هر ملګرې د عبادت درخواست اوکړي د عبادت مشر د ټول ګروپ دپاره دعا اوکړي

مطالعه

- هم دغه ګروپ کښې بل کس د مطالعې مشر جوړ کړې شي.
- د مطالعې مشر د انجیل نه څه قیصه په خپلو الفاظو کښې بیان کړي. مونږ مشوره ورکوو چې د عیسې تعلیماتو نه قیصه وکړې کم از کم په شروع کښې.
- په ګروپ انحصار کوي چې دوي د ګروپ مشر ته اووایي چې اول د انجیل نه قیصه وکړه بیا یې خپلو الفاظو کښې بیان کړه.

- کله چې د ګروپ مشر قصه بیان کړي هغه د خپل ګروپ نه درې سوالونه کوي.

۱. دا قیصه د خدای باره کښې څه وای.
۲. دا قصه مونږ ته د خلقو باره کښې څه وای.
۳. ما دې قیصه کښې څه زده کړل چې د عیسی په پیروي کښې ما له مدد راکړي.

- ګروپ هر سوال باندې تبصره کوي تر هغه وخته پورې چې د ګروپ مشر تبصره ختمه کړي. بیا مشر بل سوال اوکړي.

عمل

- هم دغه ګروپ کښې بیو بل کس د عمل وخت کښې مشر جوړ کړې شي.
- د ګروپ مشر د سبق مختصر جایزه کښې د ملګرو مدد کوي او بقین دهاني کوي چې ټولو ته سبق یاد شو.او اوس یې بل چا ته هم ښودې شي.
- دعمل مشر د انجیل هم هغه قیصه وکړي چې د مطالعې مشرکړې وه.
- دعمل مشر هم هغه سوالونه اوکړي کوم چې د مطالعې مشر کړي وو.او ټول ګروپ په هغه سوالونو تبصره اوکړي.

اختتام

- د ساده عبادت ګروپ د عبادت اختتام د تعریف ګاني سره اوکړي اود خدای ګانه په شریکه اووایي.

نوره مطالعه

د دې پیش کړې شوې موضوع د ژور بحث دپاره دی لاندې مواد ته رجوع اوکړی. د مشن د کار په نورو علاقو کښې،د انجیل نه پس د ترجمه شوو اولنو کتابونو ښه لسټ دې

بلهیمرپال (۱۹۷۵)، *ډستېنډ فار دی ټرون* کرسچن لټریچرکروسیډ-

بلیکا بی، هنری ټی. اینډ کنګ، کلاوډ وی (۱۹۹۰). *اکسپیرینسنګ ګاډ: نوئنګ اینډ ډوئنګ دا ول آف ګاډ*. لا ئف وے پریس

برا ئټ ,بل (۱۹۷۱). *هاؤ ټو بی فلډ وډ دا هولی سپرټ* . کمپس کروسیډ فورکرسټ.

کارلټن, ر . بروس (۲۰۰۳). *ایکټس ۹۲ : پریکټیکل ټریننګ ان فیسے لیټے ټنګ چرچ -پلانټنګ موومنټس امنګ دا نیګلیکټډ هارویسټ فیلډز*. کیروس پریس .

چن , جوہن . *ټریننګ فور ټرینرس. (T4T)* ان پبلشید, نوډیټ .

ګراہم , بل (۱۹۷۸). *دا ہولی سپرټ : اکټیویټنګ ګاډ پاوران یور لا ئف* . و پبلشنګ ګروپ

هوګس ,حرب (۲۰۰۱). *تلے ہو دا فوکس! دا فونډیشن فور بلډنګ ورلډ -وژنری , ورلډ امپکټنګ , ریپروډیوسنګ ډسی پلز*. سپریچول لایف منسټریز.

هاییلس , بل (۱۹۸۸). *ټو بزی نوټ ټوپرے* . انټرورسټی پریس .

مرے , اندریو (۲۰۰۷). *ود کرسٹ ان دا سکول آف پرئیر* . دگورے پریس .

اوگدن, گریگ (۲۰۰۳). *ٹرانسفورمنگ دسی پل شپ : میکنگ دسی پلز اے فیوایٹ اے ٹایم*. انٹرورستی پریس

پیکر, جے. آ ئ (۱۹۹۳) . *نوینگ گاڈ*. انٹرورستی پریس.

پیٹرسن, جارج اینڈ سکوگنس , رچرڈ (۱۹۹٤). چرچ *ملٹیپلیکیٹن گائڈ. ولیم کیری لا ئبریری.*

پیپر , جوہن (۲۰۰٦)*.وہٹ جیسس ڈمانڈز فرام دا ورلڈ* . کروس وے بوکس